DISCOVRS PRODIGIEVX ET

espouvantable du Thresorier & Bãquier du Diable & son fils : qui ont esté bruslés à Vesouz en la Frãche Comté, le 18. Ianvier 1610. Apres avoir confessé vne infinité des malefices & sorceleries par eux cõmises. Ensemble le moyen comme ils furent descouuers.

Avec la copie de l'Arrest du Parlement de Dole.

A LYON

Pour IEAN DORET, Prins sur la copie Imprimée à Dole, avec Permission.

DISCOVRS PRODIGIEVX

& eſpouvantable d'un Banquier du Diable : & son fils qui ont eſté bruſlés à Veſouz en la Frauche-Comté le 18. Ianvier 1610. Apres avoir confeſsé une infinité des malefices & ſorceleries par eux commises. Ensemble le moyen comme ils furent decouvers.

L faut croire, peuples Chreſtiens, que le Diable ennemy iuré du genre humain : a tellement trauaillé pour debelir & ruyner, ſi ſa poſibilité ſi feuſſe peu eſtendre, le genre humain : & trauaillé encor le preſent tous les iours, que ſi n'estoit la grace aſſiduelle de noſttre Dieu tout puiſſant : Ie doubte que deſ-ja les pernicieux dessein, & mal'heureuse volonté n'eussent ſubmergé une partie des hommes : mais la bonté de ce grand Dieu nous permet de resister à l'encontre de ce malin : & nous donne courage de l'attaquer si vivemẽt qui ne nous puisse acrocher de ses arpens & malice, ains le repouſer en vray Chreſtien sans attribuer aucune verité, en celuy qui est le grand Seduƈteur de tous Chreſtiens, & qui n'a autre désir et ambition que de les ſubmerger dans les vouluptez & labirintes des mẽsonges pour les laiſſer en ſes n'aufrages perpetuellemẽt.

Du vray ceſte hiſtoire eſcripte à mõ regret, attẽdu la qualité des parties délinguants, leſquels ſi mal'heureusement ſe ſont obligé de quitter leur Createur pour cõferer avec l'ennemy de tous Chreſtiens, chose horrible, neantmoins que la vérité de l'histoire l'histoire, me fera crayõner le papier pour servir à la poſtérité d'une inſtruction, & pour l'advenir coupper chemin aux deceptions diaboliques et demeurer ferme en ſa croyance, armé du ſainct nom de Jeſus, lequel corrompt par ſa ſaincte vertu & diſſipe toutes les mauuaises illuſions, leſquelles ne ſervent que pour seduire les Chreſtiens comme par ce diſcours vous sera recitté.

Dans Vesouz ville de la Franche Comté faiſoit reſidence vn Eſpagnol nõmé Mansfredo Dorlady de l'aage de quarente cinq ans, ayant vn fils nommé Fernãdo, de l'aage de vingt ans, ſes deux tenoyent grosse banque, preſtoiẽt iournellement d'argẽt à vsure tellement que la renommee de leurs moyẽs faiſoit respecter leurs perſonnes, comme eſt la couſtume vulgaire que les moyens ſurpaſſent toutes vertus ſuyuant le cours de ſe monde.

En meſme temps vn bourgeois dudict lieu, nommé George Roulet riche en fonds comme grange, rentes et maiſons : mais neantmoins il n'avoit pas beaucoup d'argent mõnoyé. Et s'il eſtoit preſſé pour payer quelque ſomme de deniers qu'il devoit, & en meſme temps avoit eſté condamné en vn proces à certains deſpens. Ce pauure homme faſché treſ-grandement, eſtant ſorti quaſi comme hors de ſon ſens, va en vne ſienne grange comme demy deſeſperé, & à peine eut il fait demy lieue hors de ſa maison qu'il rencõtra vn grãd homme habillé de noir lequel s'eſtant preſenté devant luy, luy dict & quoy mon amis vous eſte tout faſché, qu'eſt ce que vous auez. Alors ce pauure homme reſpond, ie le dois bien.

bien eſtre, ie ſuis endebté & i'ay des bons fonds, & ſi ne trouverois perſonne qui me vouluſt preſter cinq fols deſſus de meſme inſtant ſe homme ſupoſe qu'il eſtoit l'ennemy, cõiure de tous humains, luy dit eſcoute i'ay deux mille eſcuz à ton commandement, & ſi ie t'en ayderay en tout ce que ie pourray, & ſans ceremonies, ne m'eſpargne point, lors ledict Roulet le remercia luy ſuppliãt de luy vouloir dire qu'il eſtoit, que ie ſuis, ie ſuis dit-il le Diable, ie ne veux autre change de la partie, que ie te veux preſter sinon vn cheueux de ta teſte.

Alors ce pauure homme ſe recommandant à Dieu, ſupplioit la diuine majeſté, de deliurer de ce mauuais. Or comme l'ennemy de nature, voyant qu'il ne le pouuoit avoir par toutes ſortes de ruſes, s'auisa encore de de ceſte derniere, eſtimant que auec le temps, il le mettroit du tout à ſa deliberation et meſchante volonté il luy dict ie te ſeray preſté deux mil eſcus, & te baillcray vn billet, à la charge que tu me le rendras au termes portez. Et bien dit le pauure hõme, ie l'acepte, pourueu que ie ne vous ſoit de rien tenu en hommage. Alors le Diable luy fit vn certain billet tout remplis de caractere adreſſant à ſon Banquier, Mansfredo Dolardy. Et apres que ce pauure homme eut prins congé de luy, il s'en revint du coſté de Vesouz, & par chemin rencõtra vn père Religieux qui luy fit vne grande conſolations, & apres avoir cheminé quelque peu enſemble, le pauure homme luy cõta le ieu de l'hiſtoire, luy disant les meſme propos qu'il auoit tenu au Diable, alors le bon Pere s'enquit s'il luy

luy avoit point fait de dõnation, non dit le pauure homme, & bien dit le Religieux voila l'efcrit qu'il vous a baillé, allez ou il s'adreffe & fi vous pouuez avoir argent prenez le, il est bien faict de tromper le Diable qui peut.

Ce pauure homme George Roulet eftant arriué à Vefou, va treuuer Dorlady le banquier, luy porte l'efcrit ou mãdat de fon maiftre. ce banquier l'ayant veu luy fait grand careffe, luy demande les moyens pourquoy fon maiftre luy bailloit ou preftoit fon argent, ils font colation enfemble & apelle fon fils Fernando, & tous trois s'en vont promener au chafteau de Vefou, eftant tout ruyné et demoly, neantmoins ils luy firent voir vne infinité de threfor & richeffes, tout apofté pour le feduyre, apres ce il luy firent touché la partie de deux mille efcus, par luy fi deuant demandee.

Quelque temps apres, ce bon hõme va au Religieux, & luy dit comme il avoit faict, & qu'il s'eftoit bien aydé à fa néceffité de ceft argent, le fupliant de luy vouloir confeiller cõme il pourroit faire pour l'avenir, ce pere Religieux, mõ enfant pren garde, car le Diable vous a iuftement ietté ceft argent à la main pour fervir d'vn apas, pour vous furprendre, defpuis que vous auez celuy il fera ordinairement apres pour vous pouuoir feduyre : voila pourquoy il vous en faut garder : helas ! cecy fut bien vray, car apres plufieurs illusiõs diaboliques, vn iour cõme ceftuy eftoit à fa chambre auec fa femme, le diable s'eftant mis en pauure, luy vint demander l'aumofne, luy le renvoye par plufieurs & diverfes fois, figurãt que

que s'eſtoit l'ennemy du genre humain : comme de fait c'eſtoit, mais à la fin eſtant importuné de ce pauure ſuſpoſe il fut contraint de le pouſer, & le pouſant se treuue vn corps tout morts par terre, il ſupplie ſa femme de n'en dire mot : ains de luy ayder à l'enterrer, il le traine en leurs iardin, au dernier de la maison, il l'enseueliſſent & le couure de terre, c'eſt vne chose paſſé ſoubs ſilence, nul n'en eſt auerty.

Quelque temps apres ce bõ homme de George Roulet eut querelle auec ſa femme, préſent des gens, elle luy reproche que c'eſt vn murtrier, qu'il à tué vn pauure à ſa porte, la Iuſtice & de ſa partie, l'on s'en ſaiſit, apres ſa depoſitiõ, & celle de ſa femme, l'on la voulut apliquer à la torture : comme il ſe vit en ce eſtre, il confeſſe le tout dit le contenu cy deſſus, & eſtre vray qu'vn certain pauure incogneu, l'avoit longuemēt persuadé à luy donner l'aumoſne : mais craignant que ce ne fut le Diable, comme de fait il doutoit, ne luy voulut rien bailler, & que le repouſſant vn peu de la main, il ſe trouua vn corps morts par terre, tellement qu'il l'auroit enterré au pied d'vn amandier, dans ſon iardin, la Iuſtice de ſe pas le meyne au lieu où il diſoit de l'avoir enterré preſent ſa femme qui l'auoit accusé : & ne ſe trouua rien dans la foſſe que vn gros crappau treſ-puant qui de ſa vilaine puanteur fit horreur à toute la compagnie. Cecy veu par la Iuſtice, & apres auoir communiqué au Religieux ſuſdit, derechef ledict Roulet fut interrogé qu'eſtoit le Banquier, & apres l'avoir nommé Mãsfredo Dorlady Fernando ſon fils

incon

incontinent la Iuſtice va en leur maiſon, & apres avoir fait deuë perquiſition trouuerent vne infinité de billets & cartes de negromanſie, par leſquels ils confeſſent publiquement de trouuer et iouir de toutes ſortes de treſors. Et que pour ſe faire ils s'eſtoyent rendu les Banquiers du Diable, & que auſſi ils taſchoient de tirer en leurs cabales vne infinité de ieuneſſe. Quoy ouy par la Iuſtice de Veſouz, elle les renuoya à Dole pour faire leurs proces, attendu que outre ce le peuple dudict lieu en vouloient extremement aux Sorciers : car deiia vn peu auant les vendanges dernieres, il tomba telle abondance des pierres greleuses du Ciel, que non ſeulement les fruicts furent gaſté : mais auſſi les ſeps rompu & briſé.

Apres qu'il furent arriué à Dole deuëment examiné, & après leurs confeſſions faite leurs proces fut fait en la manière que s'enſuit.

Extraict des regiſtres du Parlement de Dole.

Veu par la Cour le procés meu & pendant entre Mansfredo Dolardi, & Fernando Dolardi ſon fils, & l'acuſation faicte par george Roulet, l'ateſtation d'vn Pere Religieux. Et du deſpuis les confeſſions volontaires deſdits Mansfredo, les concluſions du ſieur Procureur general, les Requeſte presenté par le Iuge de Veſou, autre requeſte tendant à elargiſſement, preſenté par leſdits Mansfredo pere & fils. La Cour ayant le tout veu & conſideré, et meſme la déclaration verbale deſdits acuſez, les a condamné & condanne à faire amende honorable devant la grand Egliſe de Veſou, & de la eſtre conduit à la place de la Iuſtice ordinaire, pour eſtre atachez ſus vn buchet dreſſé expres par l'executeur de la haute Iuſtice, et là bruslé, iuſques à ce que leurs corps ſoit mis en cendre. Donné en Parlement le 6. Feurier 1610.

LANSIOT Greffier.

Ceſt Arreſt leurs fut ſignifié, & tout auſſi toſt executé au ſuplice, ils confeſſerent vne infinité de mal-verſatiõ qu'il auoient commis par l'inſtigation de Satan, pere de menſonge. Et bien qu'il les aye laiſſé iouïr pour vn peu de temps en ce monde de l'or & de l'argent, & les euſſe eſlevé pour eſtre les premiers Bãquiers de la France-Cõté, neantmoins leurs faits n'a eſté permanent ni durable, & tous ceux qui ſe fieront en ce pere de menſonge ſeront trompé, & à la fin recognoiſtront qui ne faut point quitter le droit ſentier pour ſuyure le gauche. Dieu par ſa grace veuille auiſer vn chacun à bien faire. Ainſi ſoit-il.

Réimpression fac-simile de l'exemplaire de la Bibliothèque nationale de Paris (L ^{K7} 10331).

TIRÉ A 150 EXEMPLAIRES TOUS NUMÉROTÉS

Achevé d'imprimer le 23 Novembre 1871

Pour LÉON WILLEM, Libraire

8, rue des Beaux-Arts, 8

PARIS

www.ingramcontent.com/pod-product-compliance
Lightning Source LLC
LaVergne TN
LVHW050232180726
843501LV00013BB/3776

* 9 7 8 2 3 2 9 6 3 7 8 5 3 *